AF245332

CONSEIL DES CINQ-CENTS.

RÈGLEMENT

PROPOSÉ

PAR LECLERC (de Maine & Loire),

A la suite du Rapport

Sur les institutions civiles.

Séance du 17 Brumaire an 6.

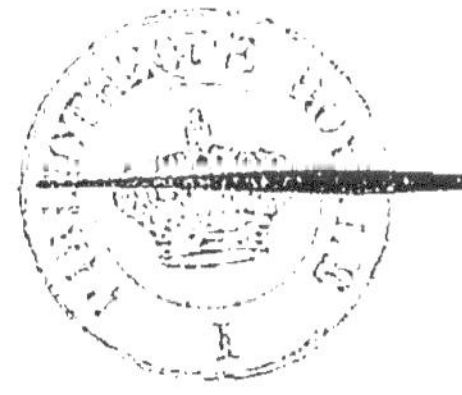

Distribution intérieure du temple républicain.

ARTICLE PREMIER.

LE temple républicain est établi dans la principale église du chef-lieu de canton.

2. Il est décoré d'un autel sur lequel sont des vases de

2   A

fleurs, & le tableau des formules qui doivent être prononcées dans les cérémonies civiles.

3. Derrière l'autel, est un siége assez élevé pour que l'officier public chargé de présider aux cérémonies puisse être vu de tous les assistans.

4. Au dessus de la place de ce magistrat est un tableau sur lequel est écrit en gros caractères :

» Les actes relatifs à l'état civil des citoyens Français
» se font au nom de la République, en présence & sous
» les auspices de l'Etre Suprême. »

5. Au côté droit de l'autel, sont les tables des scribes. Elles sont placées sur une estrade.

6. Au côté gauche, aussi sur une estrade, sont les places des chanteurs & des joueurs d'instrumens.

7. Vis-à-vis l'autel, sont des banquettes destinées à recevoir les individus qui sont l'objet de la cérémonie.

8. Le tout forme une enceinte fermée au public; mais de manière à ce qu'il voie aisément ce qui s'y passe.

Présentation d'un enfant.

9. Pour la présentation d'un enfant le cortége se compose, de joueurs d'instrumens autres que ceux destinés au service intérieur du temple ;

De jeunes garçons & de jeunes filles portant des corbeilles de fleurs de la saison ou de feuillages d'arbres verts, si la saison des fleurs est passée ;

De la femme qui porte l'enfant, ou de la mère, si elle peut être présente ;

Du père tenant ostensiblement le livre de famille ;

D'un témoin de l'un & l'autre sexe ;

Et enfin des parens & des amis qui veulent assister à la cérémonie.

10. Les jeunes garçons & les jeunes filles qui portent des fleurs, se placent devant les musiciens.

La femme qui porte l'enfant se place sur sa banquette en face de l'autel.

Les témoins sont à côté des scribes.

Les parens & les amis se rangent sur les bancs qui sont derrière l'enfant.

11. Les musiciens exécutent une hymne.

12. Le père monte à l'autel & présente le livre de famille à l'officier civil. Ce dernier le remet au père, ouvert à l'endroit où est la formule de naissance que les scribes doivent remplir, & le père le porte aux scribes.

13. Lorsque la formule est remplie, le père reprend le livre de famille & le reporte au magistrat qui lit à haute voix ce qui suit :

« Fils de Jules...... & de Cécile,...... unis par le
» nœud du mariage, le.... jour du mois de..... l'an
» ..... de la République française, sois le bien arrivé. La
» République t'accueille avec joie. Tu porteras le nom de
» ..... qui t'est donné par Emmanuel,..... né à.....
» âgé de...... & Sophie...... née à...... âgée de
» ..... témoins qui ont signé ton acte de naissance. Tu
» vins au monde le...... jour du mois de...... l'an
» ..... de la République française, à..... heure du
» matin. Ce jour sera pour toi un jour de fête : tu le
» célébreras tous les ans dans ta famille & avec tes deux
» témoins ; car ils ont serré entre eux & avec toi un lien qui
» ne se dénouera qu'à la mort. Durant le cours de ta vie,
» dans quelque position que te mette la fortune, tu te sou-
» viendras que tu nacquis français, & que la patrie espéra
» que tu pratiquerois toutes les vertus domestiques & so-
» ciales. »

« Proclamé à...... en présence & sous les auspices de
» l'Être suprême, le.... jour du mois de.... l'an.....
» de la République française. »

Les musiciens exécutent une seconde hymne.

14. Les scribes portent à l'autel les regiſtres publics.

15. Le père, la mère, ſi elle eſt préſente, & les deux témoins vont alternativement les ſigner ainſi que le livre de famille, & reviennent enſuite à leur place.

16. L'officier public ſigne, le dernier, tant le livre de famille que les regiſtres publics, après quoi il prononce à haute voix la formule ſuivante, qu'il adreſſe alternativement au père de l'enfant & aux témoins.

« Père & mère de cet enfant, voici ce que la nature vous
» commande & ce que la patrie attend de vous.

» La mère le nourrira de ſon lait autant qu'elle le pourra.

» Vous n'abandonnerez point à des mains étrangères le ſoin
» de ſes premières années.

» Des alimens ſains, des vêtemens commodes & une
» douce liberté faciliteront le développement de ſes forces.

» Il apprendra de bonne heure les choſes dont la Répu-
» blique ordonne l'enſeignement dans les écoles primaires.

» Vous l'inſtruirez au travail & l'y accoutumerez par
» degrés.

» Il puiſera, dans vos préceptes & ſur-tout dans votre
» exemple, les vertus, les qualités & les ſentimens d'une
» néceſſité habituelle & journalière, la propreté, l'économie,
» la ſobriété, la patience, la franchiſe, la fidélité à ſes en-
» gagemens ; l'obéiſſance aux lois, l'amour de la liberté,
» la haine du royaliſme & de l'anarchie ; l'attachement à
» la conſtitution de l'an 3, le courage, la généroſité, les
» égards pour la foibleſſe & le malheur ; la bienfaiſance, le
» reſpect pour le ſexe, la vénération pour la vieilleſſe, la
» tendreſſe fraternelle, la piété filiale, & la reconnoiſſance
» envers l'Être ſuprême.

» Sans la pratique de toutes ces vertus, il n'y a ni bonheur
» individuel, ni proſpérité dans les familles, ni tranquillité
» dans l'État.

» Et vous, témoins, qui avez ſigné l'acte de naiſſance,
» ce n'eſt pas une vaine formalité que vous avez remplie ;

» vous n'êtes plus étrangers les uns aux autres ; il s'est établi
» entre vous & cet enfant une affinité que la mort seule
» pourra dissoudre : vous l'aimerez comme si vous étiez du
» même sang ; vous lui tiendrez lieu de parens, si le ciel
» les lui ravit ; &, réciproquement, il vous aimera, vous
» respectera & vous soutiendra dans vos vieux jours. »

Après cette formule, les jeunes garçons & jeunes filles présentent des fleurs à l'officier civil ; il en jette quelques-unes sur l'enfant, & dit à haute voix :

« L'enfance est l'âge de la foiblesse ; mille douleurs l'as-
» siégent : semons des fleurs sur les premières années de
» l'homme. »

Les porteurs de corbeilles descendent vers le père : il prend à son tour des fleurs & les jette vers son enfant, en disant, à haute voix :

« C'est le devoir des pères de jeter des fleurs sur les
» premières années de leurs enfans. »

17. Les parens & les amis vont, l'un après l'autre, jeter des fleurs autour de l'enfant, après quoi le cortège se retire dans l'ordre ci-dessus indiqué.

De l'orphelin.

18. Le plus proche parent de l'orphelin remplace le père ; & rien n'est changé à la cérémonie, si ce n'est que les musiciens qui précèdent le cortège, ne jouent des instrumens que dans l'intérieur du temple, si la mort du père est récente.

De l'enfant né hors mariage.

19. Lors de la présentation de l'enfant né hors mariage, il n'est accompagné que de la sage-femme, des témoins & du commissaire du Directoire exécutif.

20. La déclaration de naissance est faite par la sage-femme ou le chirurgien.

21. Il y a des hymnes particulières pour cette circonstance.

22. La formule que prononce l'officier civil est celle-ci : « Les formalités prescrites par la loi sont remplies. Com-
» missaire du Directoire exécutif, veille à ce que les au-
» teurs de cet enfant remplissent leurs devoirs à son égard ; &
» vous, témoins, n'oubliez pas que vous venez de contracter
» avec cette intéressante créature, une affinité qui ne se dis-
» soudra qu'à la mort. »

De l'enfant exposé.

23. La présentation de l'enfant exposé se fait par le commissaire du Directoire exécutif ; & de la même manière que celle de l'enfant né dans le mariage, à l'exception de ce qui a rapport au livre de famille, & en y adaptant les formules suivantes :

Première formule.

« Infortuné ! la patrie t'accueille & te promet assistance.
» Ton âge paroît être de . . . . . . tu prendras date
» du . . . . . . jour du mois de . . . . l'an . . . . . .
» de la République française. Tu porteras le nom de. . . . . . .
» qui t'as été donné par. . . . . & par . . . . . .
» témoins qui ont signé ton acte de naissance. Dans quel-
» que position que te mette la fortune, n'oublie jamais
» que la patrie, en t'adoptant, espèra que tu pratiquerais
» toutes les vertus domestiques & sociales ». Proclamé
à . . . . en présence & sous les auspices, &c.

Seconde formule adressée au commissaire du Directoire.

« La patrie adopte cet enfant, & vous charge de veiller
» à ce qu'il soit heureux & devienne un citoyen utile à la
» République. »

Troifième formule adreffée aux témoins.

« Et vous témoins, vous êtes auffi fpécialement chargés
» de partager la follicitude du magiftrat; car vous venez
» de contracter avec cet infortuné une affinité qui ne
» fe diffoudra qu'à la mort. »

De l'adoption.

24. Les cérémonies relatives à l'adoption feront réglées
auffitôt que le Corps légiflatif aura ftatué fur les caufes de
cet acte civil, fes effets, & l'âge auquel il pourra être
permis.

Cérémonies de l'infcription civique.

25. L'examen qui précède l'admiffion à l'infcription civique fe fait dans la maifon commune du chef-lieu de
canton par l'adminiftration municipale, en préfence des
inftituteurs, de leurs élèves, & du public.

26. Le 30 ventôfe, tous les jeunes gens non infcrits,
ayant atteint l'âge de dix-huit ans, fe raffemblent fur la
place publique.

27. Ils ont, autant que faire fe peut, un habit national & un armement complet.

28. Un de leurs parens ou amis porte provifoirement
leur fufil; leur père, ou la perfonne qui en tient lieu,
porte oftenfiblement fon livre de famille.

29. Les candidats portent oftenfiblement un extrait d'âge,
un certificat d'apprentiffage & un échantillon du produit de
leur travail dans la profeffion qu'ils exercent.

30. Ils marchent précédés de tambours & de muficiens.

31. Lors de l'arrivée du cortége à la maifon commune,

le préfident de l'adminiftration lit à haute voix l'article 16 de l'acte conftitutionnel, ainfi conçu :

« Les jeunes gens ne peuvent être infcrits fur le regiftre
» civique, s'ils ne prouvent qu'ils favent lire & écrire &
» exercer une profeffion mécanique.

» Les opérations manuelles de l'agriculture appartiennent
» aux profeffions mécaniques. »

Après cette lecture, les muficiens exécutent une marche durant laquelle les jeunes gens dépofent alternativement fur l'autel leur certificat d'apprentiffage & l'échantillon du produit de leur travail.

32. L'adminiftration municipale délibère fur cet objet, &, d'après le réfultat de fa délibération, le préfident dit :
« M.... N.... O.... P.... & R.... ont juftifié qu'ils
» favent exercer une profeffion mécanique. »
« Les échantillons de leurs travaux feront expofés dans
» cette falle pendant cinq jours. »

33. Après cette formule, les candidats montent alternativement à l'autel, lifent, au hafard, un article de la conftitution, & infcrivent leurs noms, leurs prénoms & le jour de leur naiffance fur un regiftre, deftiné à cet ufage.

34. Après cette feconde épreuve, l'adminiftration délibère de nouveau, & le préfident proclame le réfultat de la délibération en ces termes :
« M.... N.... & P.... ont juftifié qu'ils favent lire &
» écrire. »
Il ajoute, en s'adreffant aux candidats :
« Immédiatement après l'infcription civique, vous ferez
» le fervice de la garde nationale ; juftifiez que vous favez
» vous fervir de vos armes. »

35. Les jeunes gens font, d'abord féparément, & enfuite fimultanément, le maniement des armes.

36. Après cette dernière épreuve, l'adminiftration déli-

bère fur l'admiffion définitive, & le préfident dit à haute voix :

« M.... fils de... & de.... né le.... N.... &
» P.... font jugés dignes de prendre l'infcription civique.
» Il va leur être délivré, conformément à l'article... de la
» loi du...., un certificat d'examen & de capacité. Ils fe
» rendront, le 10 prairial prochain, au chef - lieu du dé-
» partement, pourvus d'un livre de famille, &, autant
» que faire fe pourra, d'un habit national & d'un arme-
» ment complet. Ils vont fe choifir entre eux, au fcrutin
» & à la majorité abfolue, un chef auquel ils obéiront en
» tout ce qui eft relatif à la cérémonie de l'infcription ci-
» vique, & dont les fonctions cefferont au retour dans le
» préfent chef-lieu de canton. »

37. Pendant que les jeunes gens procèdent à l'élection de leur chef, les parens font infcrire fur leur livre de famille la mention de l'examen & de l'admiffion de leurs enfans, & font délivrer le certificat dont ils ont befoin pour l'acquifition du livre de famille.

38. Lorfque le fcrutin eft achevé & les certificats déli-vrés, le préfident en proclame le réfultat définitif, & l'adminiftration nomme un agent municipal, chargé de porter au chef - lieu de département le procès-verbal d'exa-men, & de furveiller les jeunes gens dans leur marche.

39. Le chef des jeunes gens prend les ordres de l'agent municipal.

40. Le jour du départ des jeunes gens, un détache-ment de la garde nationale précédé de tambours & de mufique les accompagne jufqu'à une certaine diftance.

41. Si le chef-lieu de canton eft éloigné de plus de....... myriamètres, la marche eft partagée en deux jours.

42. Les candidats voyagent par étape.

43. Ils arrivent le nonidi : l'agent municipal les préfente à la municipalité.

Règlement de Leclerc (de Maine & Loire)   A 5

44. Il y a dans le chef-lieu de département un camp prêt à les recevoir.

45. Le 10 prairial au matin, une salve d'artillerie annonce que la cérémonie va commencer.

46. L'adminiftration départementale, l'adminiftration municipale, les tribunaux & les juges-de-paix fe rendent au temple pour y attendre le cortége.

47. Il fe compofe,
D'une portion de la garde nationale,
Des inftituteurs primaires & de leurs élèves,
Des profeffeurs de l'école centrale & de leurs élèves,
Des membres du jury d'inftruction,
De jeunes garçons portant des faifceaux de branches de chêne,
D'un corps de mufique,
Des candidats pour l'infcription,
De leurs parens,
Des agens municipaux porteurs du procès-verbal d'examen, & enfin d'un fecond détachement de la garde nationale.

48. A l'arrivée du cortége, les agens municipaux portent au préfident du département les procès-verbaux d'examen. Le préfident les examine alternativement, & dit à haute voix :
» Dans le canton de. . . . M. . . . M. . . . & P. . . .
» ont été jugés dignes d'être admis à l'infcription civique. »

49. Après cet examen de tous les procès-verbaux, un profeffeur des fciences morales & politiques ou belles-lettres, adreffe aux candidats un difcours fur l'égalité civile, fur l'importance de l'infcription civique, fur la nouvelle carrière qui s'ouvre devant eux, fur l'attention qu'ils doivent fpécialement donner à la connoiffance des droits politiques dont ils auront

bientôt l'exercice , fur l'union des vertus domeſtiques & des
ertus républicaines , fur l'utilité morale , civile & politique
le l'inſtitution du livre de famille , fur le reſpect qu'ils doivent à ce dépôt facré de tous les actes importans de la vie,
& enfin fur l'attachement inviolable qu'ils doivent à la liberté
& à la conſtitution de l'an 3.

50. Après ce difcours , le préſident de l'adminiſtration
départementale dit, à haute voix :

« Jeunes citoyens, apportez vos livres de famille , jurez en
» préſence de l'Etre fuprême , jurez fur l'autel de la Ré-
» publique de méprifer toutes les diſtinctions qui feroient
» fondées fur la naiſſance , & de pratiquer toujours les
» vertus domeſtiques & républicaines. Jurez une haine
» éternelle à la royauté & à l'anarchie , jurez fidélité à la
» République & à la conſtitution de l'an 3. »

51. Les candidats mettent les armes à terre , & portent
fucceſſivement à l'autel leurs livres de famille.

52. Pendant qu'on y met le fceau & la fignature , chaque
candidat dit, à haute voix :

« Je jure de pratiquer toujours les vertus domeſtatiques
» & républicaines , de méprifer toute diſtinction fondée
» fur la naiſſance, de combattre de toutes mes forces le
» retour en France de toute efpèce de pouvoir ou de pri-
» vilège héréditaire.
» Je jure haine à la royauté , &c. »

53. Cette formalité remplie, les muficiens exécutent une
hymne , pendant laquelle les jeunes gens , porteurs de
faifceaux de chêne, en diſtribuent des rameaux à chaque nou-
vel infcrit , qui en orne le canon de fon fufil , après quoi
le préſident dit, à haute voix :

« C'eſt avec le chêne que la République treſſe les cou-
» ronnes civiques. Vous fufpendrez ces rameaux dans la
» maifon paternelle , afin que leur afpect vous rappelle à

» tous les inftans que la patrie décerne des récompenfes aux
» grandes vertus & aux actions d'éclat. »

54. Les muficiens exécutent une hymne dont l'objet eft
de préfenter aux infcrits les hautes deftinées auxquelles la
liberté les appelle : après quoi le préfident dit :

« Que le refte de cette journée foit confacré aux danfes,
» aux jeux publics & à la douce joie. »

55. Alors on apporte les prix qui feront diftribués dans
les jeux publics, & ils font portés en cérémonie au lieu
où les jeux doivent être célébrés.

56. Les corps adminiftratifs & judiciaires fe joignent au
cortége.

57. Les prix font dépofés fur un autel de la patrie, &
demeurent expofés aux regards du public.

58. La fête eft fufpendue pour le moment du repos.

59. Une falve d'artillerie annonce que ces jeux vont commencer; ils rempliffent le refte de la journée.

Cérémonies du mariage.

60. Le cortége pour a cérémonie du mariage fe compofe
d'un corps de mufique;

D'un groupe d'enfans portant des corbeilles de fleurs, &
une guirlande compofée de feuilles de chêne;

D'un autre groupe portant les prix remportés par les époux
dans les jeux publics ou dans les écoles nationales;

De l'époux tenant oftenfiblement le livre de famille, &
accompagné de fon père & de fa mère, ou de deux per-
fonnesoccupant leur place;

De l'époufe & accompagnee de fon père & de fa mère,
ou de deux perfonnes occupant leur place.

De quatre témoins, & des parens & amis invités à la
fête.

61. A l'arrivée du cortége, les muficiens exécutent
l'hymne du mariage.

62. Les époux & leurs pères & mères se placent provi-
soirement vis-à-vis de l'autel ; les parens derrière eux, & les
quatre témoins auprès des scribes.

63. Lorsque tout le monde est en place , l'époux monte
à l'autel , accompagné de son père & de la mère de l'épouse ,
& présente le livre de famille à l'officier public, qui l'ouvre à la
page où est la formule du mariage.

64. Le père de l'époux & la mère de l'épouse prennent
le livre de famille de la main du magistrat, & le portent
ouvert aux scribes chargés de le remplir.

65. L'époux descend de l'autel, va chercher l'épouse , la
place à la gauche du magistrat, & va se mettre à la droite.

66. Les pères & mères des époux se placent aux deux
côtés de l'autel.

67. L'un des scribes fait la lecture prescrite par la loi du
20 septembre 1792 , après quoi le mariage est consacré
par la déclaration que fait chacune des parties , à haute voix ,
& en ces termes :

« En présence , & sous les auspices de l'Etre-Suprême ,
» je déclare prendre en mariage........»

L'officier civil fait passer l'épouse à la droite de l'autel ,
prend le livre de famille & lit la déclaration de mariage ,
ainsi qu'il suit :

» Aujourd'hui....... jour du mois de...... l'an....
» de la République française ,

» En présence & sous les auspices de l'Etre Suprême,
» N....., fils de N.... & de M....., demeurans
» à....., & F....., fille de B.... & de D.....,
» demeurans à....., sont unis par le lien sacré du mariage.

» Ce jour sera pour eux un jour de fête ; ils le célebreront
» dans leur famille & avec R..... G..... T.... &
» P....., témoins, qui ont signé leur acte de mariage.

» Ils auront sans cesse présent à l'esprit que la société
» ne les regarde plus comme deux être séparés , mais
» comme faisant partie d'un même tout, uni par la vertu,

» source première du bonheur & l'un des plus doux char-
» mes de l'amour conjugal.

» Ils porteront le même nom, habiteront le même toît,
» auront la même pensée, la même volonté, le même
» désir, les mêmes peines & les mêmes jouissances.

» Leur union ne sera point affoiblie par les années. Elle
» comblera de joie la vieillesse de leurs parens ; & de cette
» nouvelle souche sortiront de nombreux rejetons à l'ombre
» desquels la République fleurira d'âge en âge jusqu'à la
» fin des siècles.

» Tel est le but de l'institution du mariage, tel est l'espoir
» de la patrie. »

68. Les musiciens exécutent une seconde hymne durant laquelle on procède, dans la forme ordinaire, à la signature
du livre de famille & des registres publics.

Les signatures achevées, & lorsque chacun a repris sa
place, à l'exception des époux qui restent à la droite de l'autel, les enfans portant la guirlande de chêne & les fleurs,
montent à la gauche, & présentent le tout à l'officier civil.

70. Celui-ci prend la guirlande & dit à l'épouse, à
haute voix :

« Ces feuilles de chêne sont l'emblême de la force.
» Souvenez-vous qu'un bon citoyen doit toutes les siennes
» au bonheur de sa famille & à la prospérité de la Répu-
» blique. »

Il s'adresse ensuite à l'épouse & lui présente une corbeille,
en disant :

« Prenez quelques-unes de ces fleurs, attachez-les à
« cette guirlande, afin que leurs couleurs égayent le vert
» foncé de ces feuilles de chêne, & souvenez-vous que
» le devoir d'une épouse est de tempérer par son enjoue-
» ment & par la douceur de son caractère les fatigues
» & les soucis inséparables des travaux de son époux. »

71. L'épouse attache quelques fleurs à la guirlande,

après quoi l'officier public enlace les deux époux & leur dit :

» Allez & ne brisez jamais la chaîne qui vous unit. »

Forme du divorce.

72. Pour la cérémonie du divorce, les époux & les témoins se rendent au temple, séparément & sans aucun cortége.

73. L'autel est dépouillé des ornemens qui le décorent dans les autres cérémonies civiles.

74. Les deux époux se placent l'un près de l'autre vis-à-vis l'autel.

75. Les témoins prennent place auprès des scribes.

76. Un scribe fait la lecture prescrite par la loi du.. .

77. Il se fait un moment de silence, après lequel l'officier civil dit, à haute voix :

« Persistez-vous à desirer le divorce. »

78. L'époux qui en a formé la demande, répond oui.

79. Cette interrogation & la réponse se font trois fois, en observant toujours le même intervalle de silence.

80. Après la troisième réponse, l'officier dit à l'époux : « Portez votre livre aux scribes. »

81. Les scribes remplissent la formule du divorce & en font une expédition pour la femme.

82. Le tout est porté à l'officier civil qui les signe, biffe sur le livre de famille l'acte de mariage, & le montre aux assistans, en disant ces mots :

« Le mariage de . . . . . & de . . . . , contracté le
» . . . . . , à . . . . . , est dissous. »

83. Le scribe donne le livre à l'époux & l'expédition à la femme ; on signe les registres publics, dans la forme

ordinaire, après quoi l'époux, l'épouse & les témoins se retirent les uns après les autres & sans aucun cortége.

Des sépultures.

84. Il y a dans chaque chef-lieu de canton un brancard funèbre d'une belle forme, commode & portatif.

85. Il est porté par six hommes revêtus d'un costume particulier ; ils marchent au petit pas, précédés d'un corps de musique & d'un groupe d'hommes & d'enfans portant ostensiblement les prix remportés par le défunt, soit dans les écoles nationales, soit dans les jeux publics, chacun dans un âge correspondant à celui du défunt lorsqu'il a remporté ces prix.

Le plus proche parent & l'ami qui l'accompagne suivent immédiatement ; le parent tient ostensiblement le livre de famille. Il est suivi des autres parens & des amis.

86. Les hommes portent, autant que faire se peut, l'habit national avec un crêpe autour du bras gauche, ou, s'ils sont fonctionnaires publics, le costume assigné à leurs fonctions.

Les femmes sont couvertes d'un voile noir & d'un manteau de même couleur.

87. La compagnie de la garde nationale dans laquelle le défunt étoit inscrit assiste en armes au convoi funèbre : elle a à sa tête un tambour drapé.

88. Si le défunt a obtenu une couronne civique, l'administration municipale, le juge-de-paix, les instituteurs & les élèves assistent au convoi.

La couronne civique est portée par le président de l'administration municipale.

89. Les musiciens jouent, pendant la marche, un air funèbre composé de phrases musicales courtes & séparées les unes des autres par un long silence.

90. Arrivés au temple, les muficiens occupent leur place ordinaire.

Les parens & les amis s'affoient; favoir, celui qui eft chargé du livre de famille, & l'ami qui l'accompagne fur la banquette, vis-à-vis l'autel, & les autres fur les bancs qui font derrière.

91. Les porteurs des prix remportés par le défunt entourent l'autel.

92. Les porteurs du cercueil s'arrêtent au milieu du temple; ils y reftent environnés par la compagnie de garde nationale.

93. Lorfque tout le monde eft en place, l'officier civil dit, à haute voix :

« Ce jour eft un jour de deuil; la République perd un
» citoyen. »

94. Tout ce qui a rapport à la fignature du livre de famille & des regiftres fe fait comme à l'ordinaire. La formule que prononce l'officier civil eft celle-ci :

« La terre attend nos dépouilles mortelles ; mais notre ame
» leur furvivra pour jouir des récompenfes que l'Eternel ac-
» corde à ceux qui ont pratiqué pendant leur vie les vertus
» domeftiques & fociales. »

95. Lorfque les fignatures font achevées, le convoi marche vers le cimetière.

96. Pendant la fépulture, les muficiens exécutent une hymne ; & lorfqu'elle eft achevée, l'officier civil dit aux affiftans :

« Allez, & que vos cœurs ne fe refufent pas à la confolation;
» car la terre ne prend que nos dépouilles mortelles, notre
» ame leur furvit pour, &c. »

97. La fépulture des femmes ne diffère de celle des hommes qu'en ce que la compagnie de garde nationale eft remplacée par un grouppe de femmes vétues uniformé-

ment , tenant chacune un rameau de cyprès , de romarin , ou de tout autre arbre vert.

98. Si la défunte n'étoit pas mariée , le groupe eſt compoſé de jeunes filles vêtues de blanc.

99. Le convoi des enfans , depuis l'âge de neuf ans juſqu'à celui de l'inſcription civique , pour les garçons , & de quatorze ans pour les filles , eſt compoſé d'enfans de leur âge & de leur ſexe.

100. Le père ou l'un des plus proches parens porte le livre de famille.

101. Le convoi des enfans au-deſſous de l'âge de neuf ans eſt compoſé d'enfans de cinq ou ſix ans.

102. Il faut que les garçons aient pris l'inſcription civique , ou que les filles aient atteint l'âge de quatorze ans , pour être portés dans le brancard funèbre.

103. Il y a des hymnes différentes pour les jeunes garçons , les jeunes filles & les enfans au-deſſous de neuf ans.

104. Dans les communes de canton , les cérémonies funèbres approchent , le plus qu'il eſt poſſible , de celles du chef-lieu ; elles ſont préſidées par l'adjoint municipal réſident dans la commune.

De l'emploi du décadi.

Dans chaque chef-lieu de canton , tous les décadis , un quart-d'heure après le lever du ſoleil , les tambours de la garde nationale & les joueurs d'inſtrumens parcourent les principales rues , & ſe font entendre alternativement.

Les tambours battent une marche conſacrée à cet objet , & les muſiciens jouent l'air d'une hymne à l'Éternel.

106. Depuis huit heures du matin juſqu'à dix , on fait les cérémonies relatives à la naiſſance & à l'adoption.

107. Depuis dix heures juſqu'à onze , le temple de la Ré-

publique eſt ouvert aux citoyens qui deſirent, ſous l'inſpection de la police, lire ou entendre des diſcours de morale, & chanter des hymnes.

108. Depuis onze heures juſqu'à une heure après-midi on fait la célébration des mariages.

109. Le reſte de la journée eſt conſacré aux lectures relatives aux affaires publiques, ainſi qu'à l'agriculture & aux nouvelles découvertes dans les arts, aux exercices militaires, aux danſes & aux jeux publics.

Des muſiciens.

110. Proviſoirement, & juſqu'à ce que les différens cantons ſoient pourvus du nombre de muſiciens preſcrit par l'article   de la loi du........, les adminiſtrations municipales des villes où il y a garniſon s'entendent avec les commandans des corps armés, pour que les muſiciens qui en font partie concourent à la célébration des cérémonies civiles.

111. Dans les villes où il y avoit des cathédrales, des chapitres, des concerts publics, ou toute autre inſtitution muſicale, les adminiſtrateurs emploient les muſiciens & les chanteurs pour la célébration deſdites cérémonies.

112. Les citoyens verſés dans l'art de la muſique ſont invités à ſe joindre aux artiſtes, ou à les remplacer dans les lieux où il n'y en a pas.

113. Les magiſtrats chargés d'inſpecter l'inſtruction publique veillent à ce que l'étude de la muſique & du chant ne ſoit pas négligée.

114. Le Directoire détermine les airs qui doivent être joués par les muſiciens qui font partie des différens cortéges. Ces airs doivent être connus, & avoir été compoſés originairement ſur des paroles ayant un but moral ou politique.

115. Le Directoire exécutif est autorisé à faire tous les autres réglemens nécessaires pour l'exécution du présent & de la loi du . . . . Il détermine en outre les exceptions nécessitées par la population ou les localités, & règle ces exceptions, en se conformant, le plus qu'il est possible, aux principes & aux cérémonies ci-dessus prescrites.

A PARIS, DE L'IMPRIMERIE NATIONALE.
Brumaire an 6.